TURC Jacques

Sœur Emmanuelle
une vie d'amour

Asmae tient à remercier :

Mmes Liji Cizmeciyan, Sabine Pirrovani, Simone Wardé

MM. Philippe Asso, Boutros Boutros-Ghali, Jacques Delors, Xavier Emmanuelli, Robert Hossein, Bernard Kouchner, Dominique Lemay, Mounir Neamatalla, Patrick Poivre d'Arvor, Magdy Sidhom

Les éditions Flammarion remercient Monique Harisboure, Notre-Dame-de-Sion à Istanbul ; Céline Hirsch, archiviste de Notre-Dame-de-Sion à Paris ; Agnès Brillault, documentaliste de Notre-Dame-de-Sion à Paris.



ISBN : 9782081228191 \ Dépôt légal : octobre 2009 \ Coordination éditoriale : Gaëlle Lassée assistée de Violaine Aurias et Florence Roques \ Graphisme : Thierry Renard \ Relecture des textes : Nathalie Sawmy \ Fabrication : Murielle Meyer et Louisa Hanifi \ Photogravure : IGS

# Sœur Emmanuelle,
## une vie d'amour

*Préface de Trao Nguyen*
*Président d'Asmae – Association Sœur Emmanuelle*

association Asmae
Soeur Emmanuelle
Agir pour l'enfance défavorisée

Flammarion

« Vous le savez, l'Amour est plus fort que la Mort. Le lien d'amitié profonde que nous avons noué ensemble dans la joie a une valeur d'éternité joyeuse. »

Que sœur Emmanuelle évoque ce lien dès le début de son testament spirituel montre à quel point la relation à l'Autre s'inscrivait au cœur même de sa vie. Toute son existence a été mue par sa relation privilégiée à Dieu qu'elle a voulu traduire en actes concrets auprès de ses semblables par un engagement sans faille en faveur des enfants les plus en difficulté.

« *Relation is money* », disait-elle en riant, faisant ainsi un parallèle avec le célèbre « *Time is money* » dont elle reconnaissait aussi la pertinence. Pour elle, cette richesse était accessible à tous, même et surtout aux plus démunis. C'était, d'après elle, l'origine de la joie de vivre de ses chers chiffonniers du Caire, qui manquaient matériellement de tout mais qui trouvaient dans la chaleur de leurs relations mutuelles un réconfort sans prix et une raison d'espérer.

Il faut avoir été témoin de ses retrouvailles avec quelques-unes des femmes du bidonville qu'elle avait aidées à devenir des « femmes debout » pour réaliser la force du lien qu'elle avait tissé avec elles. Elle les connaissait toutes par leur prénom et se souvenait sans coup férir de leur situation personnelle et c'était merveille que de les voir évoquer, dans les rires, leurs souvenirs communs.

Il est vrai que sœur Emmanuelle possédait le don rare de savoir établir une relation privilégiée avec tous ceux qu'elle rencontrait. Était-ce son tutoiement, qui lui venait tout naturellement d'une longue pratique de l'arabe, ou les questions personnelles qu'elle posait sans détour, ou encore son écoute attentive, qui faisaient que, d'emblée, son interlocuteur – quelles que soient sa religion, son opinion politique ou sa position sociale – avait le sentiment d'être unique à ses yeux ? Combien de fois ne l'a-t-on vue faire attendre des personnalités du monde politique ou des médias pour engager une conversation avec un serveur, un technicien ou encore un sans domicile fixe, d'abord étonnés puis conquis par l'attention qu'elle leur portait ? Elle trouvait les mots propres à valoriser, à encourager chacun, et je suis certain que tous en conservent un souvenir indélébile.

De façon particulièrement frappante, sœur Emmanuelle parvenait à établir cette relation par média interposé, grâce à son authenticité, à la force de son message et de ses interpellations, si bien que des millions de personnes se sentaient proches d'elle, sans toutefois l'avoir rencontrée.

Sœur Emmanuelle avec Trao Nguyen, président d'Asmae, à Callian en 2006.

Sœur Emmanuelle appréciait sa popularité, même si elle s'en défendait, et surtout elle voulait en être digne et se sentait l'obligation de ne pas décevoir ceux qui entraient en contact avec elle. Sait-on que durant des années, elle a reçu chaque semaine des dizaines de lettres auxquelles elle tenait à répondre personnellement, y compris dans la dernière partie de sa vie ? Elle prenait un soin extrême à choisir, parmi des textes qu'elle-même avait sélectionnés, celui qui lui semblait le plus approprié à chacune des situations dont on lui faisait part.

Un an après ce qui fut « le plus beau jour de sa vie », selon ses propres termes, le présent ouvrage arrive à point nommé pour nourrir ce fameux lien que sœur Emmanuelle affectionnait tant. Ce livre, unique en son genre, constitue un reflet kaléidoscopique de sa vie : s'y succèdent, selon une approche biographique, des photographies dont certaines inédites, une sélection d'extraits de ses ouvrages les plus importants, un florilège de ses citations préférées et enfin un recueil de témoignages de certains de ses proches.

Tous ceux qui ont aimé ou admiré la fondatrice d'Asmae, quel que soit leur degré d'intimité avec elle, la retrouveront fidèle à leur souvenir mais découvriront certainement un aspect inconnu qui leur donnera sûrement envie de le fouiller plus avant. De quoi raviver la flamme du lien qui les unissait à sœur Emmanuelle ; de quoi aussi leur rappeler qu'elle les exhortait sans cesse à agir, à s'engager, à donner un sens à leur vie.

Et si la marche de certains d'entre eux les conduit vers notre association, qu'ils sachent que ce faisant, ils exauceront le plus cher désir de sœur Emmanuelle : contribuer à pérenniser son action pour l'enfance défavorisée.

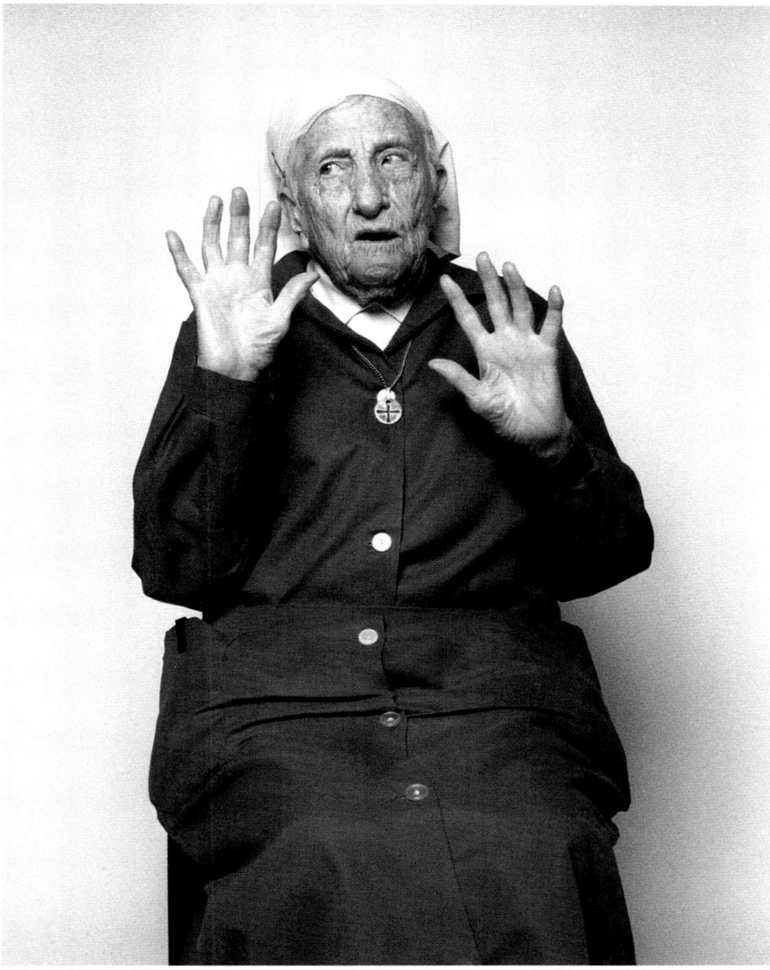

« Ceux qui vivent,
ce sont ceux qui luttent. »

*— Victor Hugo*

« Si le premier c
en septembre 19
de mon père
pour toujours
le second fut, en dé
année, la vue d'un
Il venait parta
des hommes pour
la richess
Ces deux événemen
au plus intime et s
comme une ra

# enfance et adolescence

hoc de ma vie fut,
14, la disparition
s'enfonçant
dans l'écume,
cembre de la même
bébé sur la paille.
ger la pauvreté
leur faire partager
e du ciel.
nts m'interpellèrent
'ancrèrent en moi
cine cachée. »

« J'avais à peine six ans que, voyant l'Enfant Jésus couché sur la paille, je me suis écriée : "Pourquoi lui, sur la paille ? Mon petit frère Julot a eu un joli berceau, ce n'est pas juste !" Et ma mère de répondre : "Il a voulu être pauvre, parce que tant d'enfants dans le monde sont pauvres." Cette phrase a fait tressaillir quelque chose en moi, comme un mystère. Elle s'est gravée dans mon cœur en lettres de feu.

## Petite fille que j'étais, je portais déjà une blessure d'amour.

Trois mois auparavant, j'avais vu mon papa chéri disparaître dans les flots, sous mes yeux… et il n'est jamais revenu. J'étais devenue d'une sensibilité étrange, je pleurais à tout propos. Je souffrais mais je n'en parlais pas, c'était mon secret. La révolte grondait aussi en moi. Pourquoi les autres petites filles ont-elles toujours leur papa ? Et voilà que soudain, sur la paille, m'apparaît un enfant merveilleux, plein de tendresse pour les pauvres. Il me tend les bras à moi, comme pour combler mon vide d'amour. Plus tard, au jour de ma consécration religieuse, j'ai voulu passer de mon nom au sien : Emmanuel, "Dieu avec nous". Ce nom est fêté le jour de Noël. Noël est devenu le phare de ma vie. »

— *Richesse de la pauvreté*

Madeleine Cinquin (à gauche), avec sa sœur Marie-Louise et son frère Jules, en 1916.

« Un jour, [...] me prenant à part, Maman me dit : "Madeleine – Madeleine est mon nom de baptême –, tu approches de tes dix ans. Bientôt arrivera le moment de faire ta première communion." Je bondis de joie : "Oh, Maman, je porterai une belle robe blanche avec un grand voile blanc. Comme une mariée ! Et on me fêtera avec un grand gâteau et tout plein de cadeaux !"

J'entends encore la réponse de ma mère, ma mère qui m'a si bien formée : "Madeleine, m'a-t-elle dit,

le plus important, ce jour-là, sera de te rendre compte que Jésus t'aime et de montrer que tu es prête à l'accueillir.

Ta belle robe et ton joli voile serviront à exprimer que tu veux le recevoir avec une âme toute blanche et avec un cœur pur !"
Jésus m'aime, il est descendu du ciel pour moi ! Comme c'est beau ! J'étais une petite fille très romantique. Ce soir-là, dans mon lit, je vois les images danser devant mes yeux. Papa me sourit de derrière un nuage blanc. Sur un autre nuage je vois Jésus, le visage plein de tendresse, qui descend vers moi en me tendant les mains. Le vent gonfle ma robe en dentelle blanche et fait virevolter autour de ma tête le grand voile de tulle. Il y a aussi un immense gâteau sur lequel on a inscrit avec de la crème blanche "Jésus-Madeleine". Tout paraissait merveilleux. »

—*Jésus tel que je le connais*

Les parents de Madeleine Cinquin.

« J'ai vécu, pendant toutes mes années d'adolescence, dans une espèce de balancement de "pendule" entre le matin et le soir. Le matin, je goûtais une joie paisible et profonde – trop brève, hélas – dans la prière silencieuse de l'Eucharistie. Après la classe, je me laissais emporter par un tourbillon de parties de tennis, de promenades, de soirées dansantes. Et de rencontres avec de jolis garçons. J'étais le boute-en-train de la bande. On s'amusait follement et j'étais très coquette. Mais parfois le soir, quand je rentrais à la maison, l'image de mon père me revenait, lui qui avait si vite disparu.

Me sentant de nouveau envahie par un sentiment de vide terrible, je me disais alors : "Que valent donc tous ces trésors de la terre ? Que valent ces plaisirs qui m'éblouissent ? C'est comme de l'écume ; dans la main il ne me restera qu'un peu d'eau salée."

Résonnaient alors en moi les paroles de Jésus au jeune homme riche : "Si tu veux être parfait, va, vends tout ce que tu possèdes. Donne-le aux pauvres et tu auras un trésor dans les cieux. Puis viens, suis-moi." Et puis, dès le lendemain, je recommençais la folle ronde des plaisirs de mon âge, les jolies robes et les beaux chapeaux. »

*– Jésus tel que je le connais*

Madeleine Cinquin,
âgée de vingt ans en 1928.

« Ma jeunesse a été un "non" perpétuel. Sans la connaître à l'époque, j'adhérais déjà à la maxime de Marc Aurèle : "L'obstacle est matière à action."

Maintenant je me rends compte que je disais non parce que la seule valeur que j'avais trouvée était ma propre valeur. En me dressant sur mes ergots, je me valorisais moi-même. Si bien que le jour où j'ai trouvé enfin une vraie valeur, celle de l'Absolu, j'ai eu envie de dire oui. »

— *Le paradis, c'est les autres*

61

« Je me souviens.
Un jour, n'y tenant plus de me sentir tiraillée
en permanence, je finis par carrément hurler
au Seigneur : "Enfin, oui ou non, m'aimes-tu ?

Oui ou non, veux-tu que je te suive en me consacrant aux enfants ? Alors, sors-moi de ce dilemme. Fais-moi m'enfuir !" Quelques semaines plus tard, ma mère, persuadée que, de toute façon, je ne tiendrais pas une semaine, me donna enfin l'autorisation de me présenter comme novice à la congrégation de Notre-Dame-de-Sion [...]. Et c'est ainsi qu'un beau jour du printemps 1929 – j'avais donc vingt et un ans – je sonnai à la porte du couvent de cette congrégation, rue Notre-Dame-des-Champs à Paris. »

– *Jésus tel que je le connais*

Entrée de la congrégation de Notre-Dame-de-Sion, rue Notre-Dame-des-Champs à Paris, telle que l'a connue la jeune Madeleine.

« Quand on parle d'amour, il existe toujours un grave danger de tomber dans la naïveté et la sensiblerie. J'estime avoir été très sérieusement prémunie contre ce danger au noviciat de Notre-Dame-de-Sion, à Paris. Mère Marie-Alphonse, la maîtresse des novices, connaissant nos tentations de jeunes filles à la piété sensible, nous disait toujours :

"Sentir n'est pas consentir. Ne vous demandez pas tout le temps si vous aimez ou si vous n'aimez pas. Agissez. Soyez des femmes fortes !"

Elle nous poussait toujours à aller plus loin, au-delà de notre fatigue, au-delà de nos "états d'âme". Le but était, en quelque sorte, de dépasser l'homme, de vaincre – pour parler comme Pascal que j'aime beaucoup – nos "misères" pour nous approcher de nos "grandeurs". »

—*Jésus tel que je le connais*

**Page de gauche.** Le cloître de Notre-Dame-de-Sion.
**Ci-contre.** Quand Madeleine Cinquin est entrée comme postulante, la salle du noviciat de Notre-Dame-de-Sion, ici photographiée en 1912, avait sans doute peu changé.

« Il est essentiel que je fasse comprendre qu'en faisant ce choix j'ai opté pour un plus grand bonheur. Tout remonte toujours à Jésus-Christ et à la fascination qu'il exerce sur moi. Il m'a "eue", comme on dit. En le regardant, lui, je suis poussée à me dépasser et je suis heureuse. Comme dit le psaume : "Rien ne saurait me manquer." [...]

À partir du moment où je peux être en relation constante et directe avec Jésus-Christ, je n'ai pas besoin d'autre chose, je suis heureuse.

Je suis heureuse parce que je vis cette relation.
On peut faire le parallèle avec l'amour humain.
Quand on aime quelqu'un, on se donne tout entier. »

—*Jésus tel que je le connais*

« Regardant en arrière aujourd'hui, je pense qu'avec ma nature passionnée, cherchant toujours l'extrême en tout, j'aurais pu prendre un autre chemin.

N'oublions pas aussi que, dans les années trente, il n'y avait guère, pour les jeunes filles de bonne famille, d'autre alternative que le mariage ou la vie religieuse. [...] Tous les garçons, tous les hommes que je rencontrais me paraissaient trop "petits", trop ternes à côté de mon "Bien-Aimé". Une activité professionnelle ? C'était exclu pour les femmes de mon milieu, et l'université aussi était encore une affaire strictement masculine. [...] Une jeune fille d'aujourd'hui ayant les mêmes aspirations que moi pourrait très bien s'engager dans une action humanitaire quelconque, partir dans le tiers-monde à titre professionnel ou bénévole, se faire assistante sociale. Pas moi. Moi, Madeleine Cinquin, avec le caractère que j'avais – et que j'ai encore –, j'ai eu besoin d'entrer au couvent et, ainsi, de devenir sœur Emmanuelle. Car si j'avais pu me lancer dans une activité humanitaire tout en restant dans le monde, je crois que j'aurais eu trop de mal à résister aux tentations de diverses sortes : le luxe, la gourmandise, les plaisirs faciles, voire les relations avec les hommes. Et je le sais, j'aurais été parfaitement malheureuse ! »

– *Jésus tel que je le connais*

# témoignage

Elle aurait pu être ma petite grand-mère de rêve. Elle est devenue une amie. Mais comment donc se prétendre l'ami d'une sainte ? Tout simplement parce qu'à force d'amour et d'écoute, j'ai eu l'impression qu'elle m'accueillait dans son monde enchanté. Elle a pris soin de moi, prié pour mes filles disparues et glissé la photo de Solenn dans son missel pour mieux penser à elle à chaque bénédicité.

C'est, m'a-t-elle dit, dans un de mes journaux sur Antenne 2 qu'elle a fait ses tout premiers pas télévisés, il y a juste trente ans. Nous ne nous sommes plus jamais quittés.

"Un homme, c'est un cœur", disait-elle. "Tout de suite, tu es en harmonie. Parce que le cœur comprend aussi l'autre naturellement. Le cœur comprend le cœur. Et ça donne à la vie quelque chose de tellement merveilleux, tellement ouvert. Ah ! On respire quand on laisse son cœur respirer, parce qu'on se sent homme, on se sent femme..."

Quand je parlais avec Emmanuelle, je me sentais mieux. Peut-être parce que son prénom d'emprunt veut dire : avec Dieu. Son vrai prénom était Madeleine, celui de ma mère. Oui, décidément, sœur Emmanuelle était ma petite grand-mère de cœur.

Patrick Poivre d'Arvor

Sœur Emmanuelle avec
Patrick Poivre d'Arvor
pour l'anniversaire de ses
quatre-vingt-quatorze ans,
le 15 novembre 2002.

« L'obstacle est matière à action.
Il se dresse sur nos routes pour nous pousser
à vivre davantage, en développant nos ressources
d'intelligence et de volonté. »

*– Marc Aurèle*

« En ces temps-là, c
pour jeunes filles
comportait en anne
destinée aux enfants
À ma demande, c'est
J'y ai connu plusieurs
J'adorais ces bamb
à préparer pour u
En leur compagnie
de joie, au grand ét
des sœurs p

# les années d'enseignement

hacun de nos collèges
de bonne famille
xe une "petite école"
pauvres du quartier.
là qu'on me nomma.
années très heureuses.
ins que je cherchais
n avenir meilleur.
je chantais et dansais
onnement, parfois,
lus âgées. »

**Ci-contre.** Vue extérieure du pensionnat de Notre-Dame-de-Sion, dans le quartier de Taksim, à Istanbul.
**Pages 33 et 34.** Sœur Emmanuelle lors de sorties avec ses élèves à Istanbul, dans les années 1940.

« Le 10 mai 1931, à l'issue de mes deux années parisiennes de formation dans la "science de l'amour", j'ai prononcé mes vœux de religieuse. Avec une joie immense. Je savais que j'avais trouvé ma voie. Ma congrégation de Notre-Dame-de-Sion avait pour vocation l'éducation des filles et je pouvais être affectée à plusieurs collèges situés autour de la Méditerranée, mais aussi dans quelque lointain continent. Mes supérieures choisirent de m'envoyer à Istanbul. »

—*Jésus tel que je le connais*

# « Quoi de plus beau que d'aider à s'éveiller à la vie de tout petits enfants ?

L'enseignement est vraiment la voie la plus directe pour mettre debout un petit d'homme. Surtout si on le conçoit sous la forme que nous a transmise le grand Socrate : la maïeutique, en vertu de laquelle l'enseignant doit aider l'élève à "accoucher" des potentialités qu'il porte en lui. C'est cela qui m'a passionnée pendant la quarantaine d'années où j'ai exercé ce métier : ne jamais imposer mes connaissances et mes idées à moi, mais aider les élèves à découvrir et à se faire une opinion par eux-mêmes. »

— *Le paradis, c'est les autres*

« Je crois que l'important, pour moi, n'est pas tellement de vivre avec que de faire vivre. Parfois j'ai l'impression d'avoir des milliers d'enfants. [...] Moi, ce qui m'intéresse, c'est cette passion, cette rage de vivre que je veux transmettre. Que la joie de vivre qui m'habite déborde de mon être, que les connaissances que j'ai acquises débordent de mon cerveau. Pour moi, c'est ça enfanter.

Pour une femme, mettre au monde un enfant, c'est certainement quelque chose de merveilleux, car c'est la chair de sa chair. Mais faire naître l'esprit de son esprit, le cœur de son cœur, la volonté de sa volonté, l'acte de son acte, c'est un enfantement prodigieux !

Parfois j'ai carrément l'impression d'être dotée d'une fécondité physiologique ! »

— *Le paradis, c'est les autres*

« À Istanbul, travaillant pour mon certificat de philosophie, j'ai vraiment connu le doute.

[…] Pascal et son pari […] me disaient : il n'y a pas de preuve définitive de Dieu. Alors, soit tu renonces à croire – et tu sais que c'est douloureux –, soit tu fais le pari que Dieu existe et, si tu te trompes, tu ne risques rien. En somme, c'est Pascal qui a offert à ma raison la possibilité de continuer le chemin que j'avais choisi. C'était une réponse raisonnable qui, en même temps, me repropulsait à la suite du Dieu-amour pour lequel j'avais opté étant jeune. »

– *Le paradis, c'est les autres*

La chapelle de Notre-Dame-de-Sion, à Istanbul.

**Ci-dessus.** Sœur Emmanuelle avec ses élèves, devant la mosquée Sainte-Sophie.
**Ci-contre.** Devant l'entrée de l'université d'Istanbul.

« Moi qui suis née catholique et qui, dans ma faiblesse, ai pu mettre à l'épreuve ma relation avec Jésus-Christ, j'estime que c'est lui qui détient la vérité absolue. Mais mon expérience à Istanbul m'a appris que je ne la possède pas, cette vérité absolue. Je possède peut-être quelques rayons de l'absolu, mais les autres religions aussi. J'avais aimé étudier le bouddhisme. Eh bien, je pense qu'il pourrait nous apporter une approche de la vérité par le dépouillement de l'"ego" qui nous ferait à tous le plus grand bien. Bouddha et Mahomet se sont présentés comme des envoyés de Dieu. Mais ni l'un ni l'autre n'est son Fils. Je le répète : le christianisme offre une voie qui, d'après moi, est la voie la plus directe pour monter vers Dieu. Les autres voies sont, sans doute, moins directes mais je les respecte. Ma fragilité à moi a besoin de s'appuyer sur le Christ, mais je connais des incroyants plus forts et meilleurs que moi.

## Je pense que tout homme de bonne volonté est Fils de Dieu. »

—*Jésus tel que je le connais*

**Ci-dessus.** Le collège de Notre-Dame-de-Sion, à Kaznadar en Tunisie, où sœur Emmanuelle fut transférée en 1957, avant de retourner à Istanbul en 1959.

**Ci-contre.** La cour de récréation de Notre-Dame-de-Sion à Tunis, où sœur Emmanuelle enseigna le français de 1955 à 1957.

« Ces cinq années de désert terriblement dures, terriblement passionnantes se terminent enfin. Je n'étais plus la même. J'avais vécu la solitude, avec bien des humains, comme une mort anticipée. L'amitié, l'amour, m'avaient paru des nuées sans eau. Vivre n'avait plus de sens. Aller où, pour rencontrer qui ? Des visages indifférents, des yeux sans tendresse ? Mon travail d'éducatrice représentait quoi ? Un échec sans espoir ? La foi en l'homme ? Les fellahs resteraient de pauvres diables ! La foi en Dieu ? Le silence répondait à mes appels ! Le désir de pauvreté ? Un vœu à enfouir dans le sable !
Et pourtant, ces années dans le désert de la tentation ont été d'une exceptionnelle fécondité. Elles ont fait mourir l'orgueilleuse assurance de mes capacités, elles m'ont fait saisir combien le halo qui m'entourait à Istanbul était éphémère. J'avais réalisé l'impressionnante expérience que, malgré son silence, Dieu m'avait fait don d'un singulier pouvoir : j'étais restée debout, malgré tout, à travers tout.

## Le désert intériorise : bienheureuse Tunisie !

Son austère pédagogie a décapé mon idéal romantique où l'amitié ne connaissait pas les heures dures, où l'appel à la pauvreté se teintait d'un paternalisme facile. Bienheureuse Tunisie ! Elle a dégagé le joyau d'un amour purifié. »

— *Confessions d'une religieuse*

« En avant pour le quartier de Bacos, où se trouve ma nouvelle résidence ; je transporte un lit, une petite table de toilette et une chaise… rien ne manque ! […] Enfin, je vis pauvre avec les pauvres, je ne suis plus "absente de la peine des hommes". Je fais partie de l'immense majorité de mes frères humains, condamnés à une vie frugale et sans confort :

**extraordinaire bond en avant,**
**nouvelle consécration religieuse,**
**jubilation de mon corps et de mon âme !**

J'entrais à l'école de la pauvreté, apprentissage difficile, mais combien nécessaire. Je souhaite à tous les séminaristes et novices des pays nantis d'aller partager un an, ou au moins quelques mois, la vie du quart ou du tiers-monde. On y entre en enfant égoïste et gâté, on en sort homme de solidarité. »

— *Confessions d'une religieuse*

Après avoir obtenu sa licence de lettres par correspondance, sœur Emmanuelle est envoyée à Alexandrie, en Égypte, en 1963, à sa demande. Responsable de la classe de philosophie, elle y enseigne jusqu'en 1971.

# témoignage

Sœur Emmanuelle était si jeune et si jolie, grande et mince malgré sa jupe froncée qui descendait jusqu'à terre. Elle avait un teint de blonde bien que le bonnet blanc et le voile noir qui le recouvrait ne laissaient rien deviner de ses cheveux.

Sœur Emmanuelle nous préparait à la première communion. Après la leçon, elle posait des questions pour voir si nous avions bien compris. Elle voulait que nous réfléchissions et que nous répondions avec ce que nous avions déduit nous-mêmes de son enseignement. Un jour arriva une question inattendue : "Que serait-il arrivé si Jésus n'avait pas eu d'apôtres ?" La question était claire, mais il fallait bien réfléchir avant de répondre. Irma leva timidement le doigt, parce qu'elle comme moi, nous étions timides. Nous ne voulions pas avoir l'air bête. "Il n'y aurait pas de christianisme", avança Irma d'une voix mal assurée. Sœur Emmanuelle était si contente qu'elle s'écria "Tenez, j'ai envie de vous embrasser !" mais elle ne le fit pas. Pourquoi ? Cela aurait fait tant plaisir à ma sœur, et à moi aussi, par ricochet.

Je me souviens, un matin, Concetta D. – Sœur Emmanuelle l'appelait Conscepta – arriva toute nette et propre. Blonde, rougeaude et rebondie, elle aimait la bonne chère et les gâteaux. Quand à midi elle posa sur sa serviette trois ou quatre gamelles sorties d'un grand panier d'osier,

Sœur Emmanuelle
et ses élèves à Istanbul.

l'on comprit que son appétit ne démentait pas ses formes rondes. Après avoir bien mangé, un dessert – une grande tablette de chocolat – l'attendait tous les jours. Sœur Emmanuelle, qui nous surveillait pendant le repas que l'on devait manger en silence, était sans doute outrée de voir cette gourmandise au milieu des enfants pauvres. Tout lui semblait bon pour confisquer à Concetta sa tablette de chocolat. À qui la donnait-elle ? Aux pauvres, bien sûr ! En tout cas, elle allait l'enfermer dans l'armoire, derrière le tableau noir. »

Liji Cizmeciyan
ANCIENNE ÉLÈVE DE SŒUR EMMANUELLE À ISTANBUL.

« Nous ne connaissons le tout de rien. »

— *Pascal*

« Istanbul, Tunis, d
finalement Alexandrie :
travaillant dans les col
de-Sion, j'ai dû mettre en
de vivre pauvre avec les p
dire que j'ai été malhe
ces années-là. J'aimais l
j'ai adoré les élèves et les
ma relation quotidi
Mais je savais aussi que
de me mettre dans les
sur la paille représent

# dans les bidonvilles du Caire

e nouveau Istanbul et
pendant quarante ans,
lèges de Notre-Dame-
tre parenthèses mon désir
auvres. Ce qui ne veut pas
ureuse pendant toutes
e métier d'enseignante,
enfants, je pouvais vivre
enne avec le Christ.
ma véritable obsession
pas de Jésus qui était né
ait ma part de vérité. »

1971 : À L'ÂGE DE LA RETRAITE, SŒUR EMMANUELLE CHOISIT DE S'INSTALLER AVEC LES CHIFFONNIERS DU CAIRE DANS UNE CABANE DU BIDONVILLE D'EZBET EL NAKHL.

« J'avais fait vœu de pauvreté, mais je ne la connaissais pas ; "connaître" dans le sens biblique, qui exprime une relation existentielle, une expérience concrète. François d'Assise avait, lui, épousé "Dame Pauvreté". J'allais à mon tour la "connaître" pour, comme lui, enfanter l'Amour. Ainsi, j'ai "connu" [...] les coupures d'eau et d'électricité, le réchaud sans pétrole, la lampe sans allumettes, le thé sans sucre, les enfants sans chaussures, l'école sans livres, mais jamais la maison sans amour ! »

— *Confessions d'une religieuse*

« L'homme nu, dépouillé d'oripeaux et d'appâts comme le chiffonnier du Caire, est naturellement porté à multiplier les liens avec ses congénères : il puise continuellement à cette source la joie enrichissante d'être partie prenante d'un tout éclatant de vitalité. »

— *Richesse de la pauvreté*

Sœur Emmanuelle dans sa cabane du bidonville d'Ezbet el Nakhl, à la fin des années 1970. Elle y vécut une dizaine d'années.

« Dès son enfance, le gosse est baigné dans cette même atmosphère sociale et joyeuse. Il n'a pas de jouets mais il déambule avec ses copains, à cheval sur un morceau de bois, tirant une vieille boîte avec une pauvre ficelle, au milieu des hurlements de joie et des regards amusés des adultes. La fillette, elle, berce avec fierté dans ses bras le petit dernier dont elle se sait responsable : avec une poupée vivante, elle goûte déjà la félicité, elle sent être maman.

## Nos enfants envahis de jouets sophistiqués, souvent seuls devant leur ordinateur, connaissent-ils fréquemment l'entrain du jeu entre copains ?

Ils n'ont rien du visage inondé de gaieté des petits chiffonniers, pas plus que leurs parents ne partagent les bons rires qui fusent au bidonville. »

— *Richesse de la pauvreté*

**Page de gauche.** Sœur Emmanuelle dans le bidonville d'Ezbet el Nakhl, à la fin des années 1970.
**Ci-dessus.** Sœur Emmanuelle joue avec des enfants devant sa cabane d'Ezbet el Nakhl.

« Des brise-fer du jardin d'enfants que je cajolais un peu plus que les autres, jusqu'à leurs pères à qui je parlais avec respect, en passant par les petits caïds acceptant avec fierté de toutes petites responsabilités, j'en ai vu des enfants et des adultes se transformer. [...] Je les ai simplement aimés et respectés tels qu'ils étaient, comme je l'avais appris à ma première communion.

Voilà, pour moi, c'est cela l'amour. Le vrai amour rend beau ce qui est laid et bon celui qui est méchant. L'amour est la plus grande force du monde car elle vient directement de Dieu, qui, lui, voit dans chaque être humain la part qu'il a créée à son image. Pour le père de Jésus-Christ, l'homme, même le plus abject, au dernier stade de l'humanité, a quelque chose d'aimable. Et ce n'est pas de la théorie. Moi qui ai beaucoup de volonté et qui me crois plutôt intelligente, si je ne baignais pas dans l'amour tel que nous l'enseigne le Christ, je me croirais assez volontiers supérieure aux autres. Mais les choses étant ce qu'elles sont, c'est impossible.

Celui qui laisse Dieu vivre dans son cœur ne peut plus mépriser personne. »

—*Jésus tel que je le connais*

**Ci-contre.** Sœur Emmanuelle fait la leçon aux jeunes chiffonniers.

**Double page suivante.** Des enfants du bidonville d'Ezbet el Nakhl, dans les années 1980.

# « Le spectacle qui m'est offert dans le bidonville me brûle corps et âme d'un feu qui ne s'éteindra plus.

Imaginez une ruelle tellement jonchée d'ordures qu'il est impossible de poser le pied sur un endroit propre, des cabanes en vieux bidons troués, des cochons noirs, des chiens sauvages, des rats gros et gras, des mouches par milliers et, au milieu de ce dépotoir, des essaims d'enfants sales et déguenillés, le visage souillé, des mouches sur les yeux. L'un d'eux se baisse pour ramasser une tomate à demi pourrie et la mettre dans sa bouche. Je pousse un cri d'effroi : "*Lê, lê, mouch momkène* ! Non, non, ce n'est pas possible !" Sa mère, non loin de là, hausse les épaules : "*Maalèche*, ça ne fait rien : il est habitué"... à se nourrir de tomates à moitié pourries ! Et moi, à quoi suis-je habituée ? Pas d'eau, pas d'électricité, pas d'école, pas d'église, pas de dispensaire... des enfants et des ordures, des ordures et des enfants ! »

— *Confessions d'une religieuse*

**Page de droite.** Des enfants sur une montagne d'ordures, dans le bidonville de Mokattam.

« Des amis me demandent parfois gentiment : "Où allez-vous vous reposer en vacances ? Venez chez nous, vous y serez si bien." Je ris. Aller ailleurs me reposer, Seigneur, alors que mes vieux membres retrouvent leur jouvence quand je batifole avec nos enfants qui s'amusent comme des fous dans le lac ?

N'est-ce pas ici Dar el-Saada, la Maison du Bonheur ? Quand je me laisse flotter sur l'eau, le regard levé vers le ciel d'un bleu de lavande, je murmure : "Notre Père qui es aux cieux, que Ton nom soit sanctifié..." Sanctifier le nom de Dieu, n'est-ce pas aussi une autre manière d'aider la famille humaine à exulter sous le charme de sa création ?

Dar el-Saada, le dernier triomphe de l'amour,
représente à mes yeux un avant-goût du Ciel.
Ici, ni larmes, ni cris. Seulement paix et joie.
Ici, tous sont unis comme des frères.
Ici, il n'y a plus musulmans ou chrétiens.
Ici, l'on s'aime en chantant ! »

— *Confessions d'une religieuse*



**Double page précédente.** Sœur Emmanuelle dans le bidonville de Meadi Tora, en 1991.

Le 13 novembre 1992, sœur Emmanuelle célèbre ses quatre-vingt-quatre ans à la Maison du Bonheur de Dar el-Saada, maison achetée grâce à elle pour que les chiffonnières puissent venir s'y reposer.

« En arrivant dans le bidonville, elle arrivait enfin au port, cette longue marche vers un plus grand amour. Et voilà que la question se pose : en toute vérité, ai-je partagé la pauvreté, la misère des chiffonniers ? En totalité ? L'affirmer serait un mensonge. Chez eux, elle est ontologique. Elle reste attachée à leur peau depuis leur naissance. Privés d'instruction et de ressources, vivant de l'ordure, ils sont les exclus d'une société qui les méprise à l'instar de leurs cochons. Ai-je porté l'abjection qui les accable ? Jamais. Au contraire, on m'a admirée d'avoir partagé leur vie. Et encore n'ai-je partagé qu'une partie de leur pauvreté matérielle – difficile à supporter, il est vrai. Mais quelle était leur sécurité comparée à celle que me donnait ma communauté si pleine de sollicitude ?

En revanche, le fait de vivre côte à côte avec eux, me proclamant "chiffonnière", les a en quelque sorte relevés. Le respect que je témoignais à chacun d'eux leur a rendu leur dignité d'êtres humains.

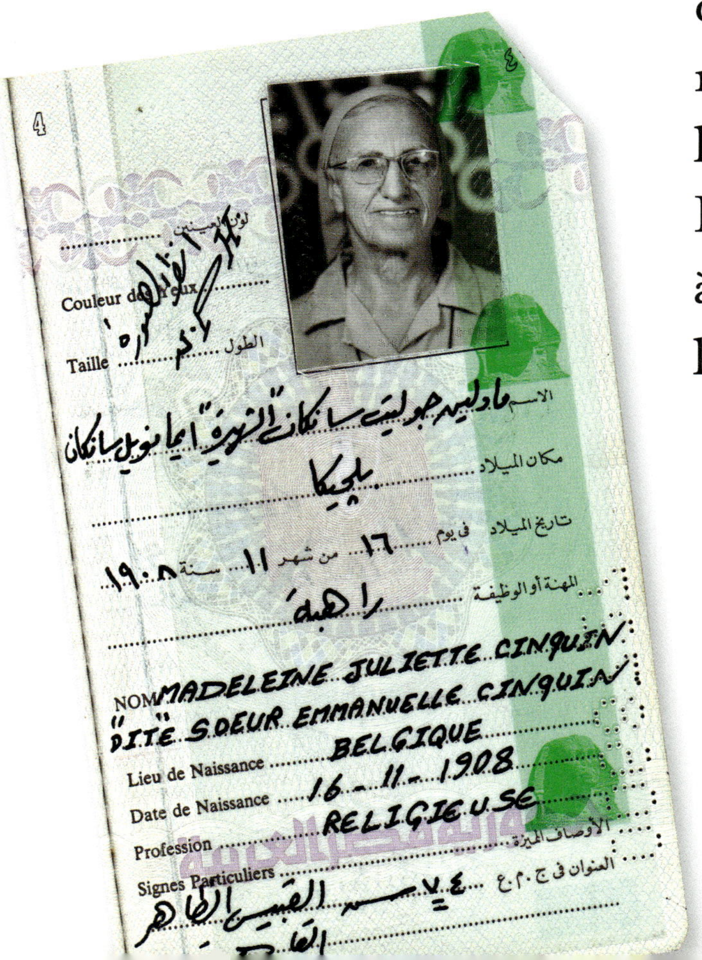
4
Couleur des yeux
Taille
الاسم
مكان الميلاد بلجيكا
تاريخ الميلاد في يوم ١٦ من شهر ١١ سنة ١٩٠٨
المهنة أو الوظيفة راهبة
NOM MADELEINE JULIETTE CINQUIN
"DITE" SOEUR EMMANUELLE CINQUIN
Lieu de Naissance BELGIQUE
Date de Naissance 16-11-1908
Profession RELIGIEUSE
Signes Particuliers

**Doubles pages suivantes.**
Le bidonville de Meadi Tora.

**Page de gauche.** Sœur Emmanuelle obtient la nationalité égyptienne en 1991, pour ses soixante ans de vie religieuse, fêtés au Caire.
**Ci-dessus.** Sœur Emmanuelle en 1993, au Caire.

Si je n'ai pu descendre avec eux au plus bas, j'ai déclenché en eux le désir d'en sortir surtout grâce à l'éducation de leurs enfants. C'est pourquoi, même si je n'ai réalisé qu'une partie de mon idéal, le temps passé avec mes frères et sœurs chiffonniers reste, pour moi comme pour eux,

"le temps du plus grand amour". »

— *Confessions d'une religieuse*

« Une remarque importante est à faire ici :
pauvreté n'égale pas misère.

La misère inclut en effet une privation des besoins essentiels : c'est avoir faim, avoir soif, avoir froid par manque de nourriture, de vêtements, de logement. Les pauvres tels que je les ai connus au Caire ont une nourriture certes frugale mais substantielle, des vêtements simples mais suffisants, une cabane où se réfugier en famille. Ils y vivent heureux puisqu'ils ont leur source de plénitude dans le groupe auquel ils appartiennent. Ils se sentent en sécurité, car ils sont membres d'un corps vivant qui ne peut pas se désagréger. C'est bon d'être ensemble, à la vie à la mort ! »

— *Richesse de la pauvreté*

**Page de gauche.** Sœur Emmanuelle auprès des habitants du bidonville de Meadi Tora, en 1993.

« Je crois qu'il y avait une autre raison qui expliquait mon bonheur là-bas et dans les deux autres bidonvilles où j'ai vécu jusqu'en 1993 : chez nous – je continue à dire "chez nous" – on vivait dans la justice. Tous étaient égaux, gagnant leur vie, mangeant et s'habillant de la même manière. La solidarité était telle que personne n'avait faim.

## Comme dans les premières communautés chrétiennes, "nul n'était dans le besoin".

Ceux qui avaient un peu d'argent en plus le mettaient de côté en vue du mariage de leurs filles. Ou parfois le buvaient au café. Où, d'ailleurs, auraient-ils pu faire des dépenses ? Il n'y avait ni magasin, ni cinéma, ni lieux de sport et de loisirs. Et moi, j'étais devenue un des leurs, sans privilège, sans autre richesse qu'eux. »

– *Jésus tel que je le connais*

« Un autre choc fut d'une telle violence qu'il changea ma vie au point de me faire voyager autour du globe dans une course haletante et sans fin. Cette nouvelle rencontre avec "la sinistre visiteuse" s'est passée sur le petit chemin par où je rentre chaque jour au bidonville après la messe de l'aube. Je revois l'endroit auprès du canal bourbeux où je reçois un coup en pleine poitrine : "On a tué Baazak."
[...] Qui, finalement, est responsable de la mort de Baazak ? La société qui laisse ces jeunes pourrir dans l'ordure... et moi, oui, moi, sœur Emmanuelle, qui ne me suis pas assez battue pour leur offrir un lieu de loisirs le soir ! Ça ne doit pas se renouveler. Le sang de Baazak coule devant mes yeux, il me transforme en femme farouche, décidée à ébranler la terre. Je deviens avide d'espèces sonnantes. J'ai quelques dollars par mois, j'en veux maintenant des milliers, des millions. Je les trouverai à quelque prix que ce soit. Est-ce qu'il n'y a pas d'argent dans le monde ?

Allons, Emmanuelle, pars dans les pays nantis. Oui, hurle, crie, gueule, ne reviens pas sans écus !

Ce fut le début d'une série de voyages qui, durant quinze ans, m'ont menée en Europe, en Amérique, en Australie. »

— *Confessions d'une religieuse*

**Ci-contre.** À la suite de la mort d'un jeune chiffonnier, sœur Emmanuelle décide de parcourir le monde pour réunir des fonds.

**Ci-dessous.** Carte postale éditée pour remercier les donateurs qui ont permis la construction d'une usine de compost dans le bidonville de Mokattam, usine qui fut inaugurée en 1987 grâce aux fonds réunis par sœur Emmanuelle.

# témoignages

J'ai eu le privilège de faire la connaissance de sœur Emmanuelle lorsqu'elle œuvrait en faveur des "Zabbalines", les chiffonniers du Caire. Elle venait souvent, de très bonne heure, rencontrer mon épouse qui essayait de l'aider à surmonter les tracasseries de l'administration égyptienne. Je l'ai revue, plus tard, à Paris où nous évoquions parfois, autour d'un déjeuner convivial, nos souvenirs d'Égypte. Un mot revenait souvent dans sa bouche : "*Yalla*" qui signifie, en arabe dialectal, "en avant" .

"*Yalla*" est le symbole parfait de cette force spirituelle qui a permis à sœur Emmanuelle de consacrer sa vie aux damnés de la terre.

Boutros Boutros-Ghali

**Président de la Commission nationale égyptienne des droits de l'homme**

Il y a quarante ans, personne ne savait ce que les chiffonniers faisaient avec les ordures ménagères du Caire. En 1976, une amie de ma mère, Alice, m'a parlé d'une religieuse qui vivait à Ezbet el Nakhl, un des cinq quartiers chiffonniers. Je m'y suis rendu pour me retrouver au milieu de l'*Enfer* de Dante.

Des nuages de mouches animaient le ciel. Les chiffonniers vivaient dans les mêmes huttes en métaux rouillés que des dizaines de milliers de porcs et d'ânes. Sous ces montagnes d'ordures, une femme rayonnante – comme sortie d'une mer douce et transparente – s'est avancée vers moi. Souriante, elle était entourée d'enfants et animée d'une énergie que je n'oublierai jamais. Depuis, nous avons travaillé ensemble. Elle était notre guide. C'était tellement facile de lui accorder le support technique dans ce qu'elle entreprenait.

Cette année, je suis retourné pour la première fois depuis quinze ans dans le quartier de Manshiet Nasser, complètement transformé. L'*Enfer* est devenu une zone où des milliers d'artisans recyclent chaque élément de nos déchets afin d'en faire un produit utilisable. Des immeubles en briques rouges décorés de couleurs vives ont fait de notre visite une promenade agréable. J'étais stupéfait. Son action a apporté le sourire et le bonheur dans la vie de cette population oubliée.

Mounir Neamatalla

Fondateur *d'Environmental Quality International* (EQI)

Sœur Emmanuelle en 1993 lors de son dernier voyage au Caire.

## Une rencontre et une mission.

"Au fil des jours, comme un apôtre du service, infatigable, je la voyais taper à notre porte à Matareya, un ancien quartier du Caire, pleine d'entrain et d'espoir, me disant avec une fermeté exemplaire : "Alors jeune homme, tu te décides à venir avec moi ? Il me faut un homme pour traiter avec les chiffonniers..."

J'étais nouvellement marié, et déjà engagé dans les rangs d'une association desservant trente-huit écoles gratuites en Haute-Égypte. J'étais partagé, mais fondamentalement convaincu de son œuvre et de sa mission. Comme nous habitions le même quartier, elle faisait de temps en temps des apparitions, nous donnait de ses nouvelles et demandait quelques services. C'est comme cela, au fil des jours, que s'est nouée une profonde amitié. Et plus tard, quand à mon tour j'ai fondé une organisation pour servir les enfants des quartiers sous-développés dans les zones non planifiées autour du Caire, elle était là. Son élan de cœur, généreux et conscient, s'est mué en une œuvre solide gérée par une équipe dévouée.

Cette vie passée à servir intelligemment et passionnément les plus démunis est une leçon pour tous, et son œuvre se perpétuera malgré sa disparition."

Magdi Sidhom
Directeur de l'Association Égyptienne pour le Développement Global

« Seigneur, donne-moi le courage
de changer ce qui doit être changé,
la sérénité d'accepter ce qui ne peut être changé
et la sagesse de distinguer l'un de l'autre. »

— *Marc Aurèle*

« La misère des
je la connaissais. E
corps et âme. M
un combat corps à
elle pouvait être te
que j'ai été amené
d'autres lieux l'expé
des bidonvilles du
d'autres lutteurs l
pour les faire jaillir

petits d'hommes,
lle m'avait frappée
ais, défiée dans
corps, en équipe,
rrassée. C'est ainsi
e à poursuivre en
rience passionnante
Caire : ranimer avec
es étincelles de vie
en gerbes de feu. »

# autour du monde

# Le Soudan

1985–2000

**NOVEMBRE 1985** : SŒUR EMMANUELLE RÉPOND À L'APPEL D'AMIS SOUDANAIS QUI LUI DEMANDENT DE VENIR EN AIDE AUX RÉFUGIÉS VICTIMES DU CONFLIT QUI FAIT RAGE AU SUD DU PAYS.

« Le matin, le choc qui vous secoue jusqu'aux entrailles en arpentant les rues : des enfants, partout des enfants à moitié nus, peau noire sur un squelette ambulant, deux bâtons qui flageolent en guise de jambes, deux globes de jais qui jaillissent de leurs visages faméliques. Certains plantent leurs ongles effilés dans ma chair comme pour s'y cramponner :

"*Ana maaki*, Moi avec toi."

Ils ont fait des centaines de kilomètres à pied ou juchés sur les toits des trains pour échapper à la mort, envoyés vers Khartoum par leurs mères désespérées qui leur ont donné les derniers petits sacs de seigle pour la route. »

— *Confessions d'une religieuse*

**Double page précédente.** Sœur Emmanuelle en visite dans un village soudanais, en 1985.
**Ci-dessus.** La famine grandissante dans le sud du pays pousse les mères à envoyer leurs enfants à Khartoum.

Sœur Emmanuelle en visite dans un village soudanais.

« Je me trouvais un soir en visite au "mouroir" de Khartoum que Mère Teresa avait fondé. Brusquement, je suis agrippée par un mourant. Dans un dernier sursaut, le visage défiguré par le rictus du dernier instant, il s'empare de mon bras. Il attend un dernier geste d'amour mais moi, et je l'avoue à ma confusion, je reste figée sur place, glacée par la peur. Un rideau s'ouvre alors au fond de la salle. Le sarrau bleu d'une sœur apparaît. D'une main, elle tient une bouteille d'eau et, de l'autre, un verre. Elle se penche sur une femme qui semble inconsciente. Le corps de cette pauvresse a été étendu là, après avoir été retiré d'une poubelle, rongé déjà par les vers. Avec un sourire d'infinie tendresse, la religieuse lui humecte les lèvres. Cet humble mouvement d'amour fait tressaillir la malheureuse. Son visage de douleur en est illuminé. Je me sentis alors "infiniment élevée" au-dessus de la mort et au-dessus de ma peur.

Je me suis tournée, à mon tour, vers l'homme qui agonisait et lui offris un sourire chaleureux. À son tour, il tressaillit, desserra son étreinte et, sur sa face de mourant, un sourire apparut aussi.

## Ce fut un moment d'éternité. [...]

La mort est certainement le moment le plus terrible, le plus éprouvant car l'être humain se sent totalement désemparé. Quand, de plus, il se trouve seul, dans la pauvreté et le dénuement total, par terre, sans secours, sans aucune présence, conscient que ses forces diminuent et qu'il va mourir abandonné, le désespoir est total. Mourir sans un regard, sans un proche pour vous tenir la main, représente une détresse absolue. Mère Teresa a voulu que ses sœurs donnent la grâce de l'amour évangélique, inspiré du Christ, aux plus démunis, dans les lieux les plus pauvres. »

— *Vivre, à quoi ça sert ?*

Grâce à l'action de sœur Emmanuelle, des foyers sont créés et les enfants scolarisés.

« Les événements soudanais ont copieusement élargi ma vision. J'ai d'abord approfondi la vérité de cette parole : "Dieu a besoin des hommes" pour réparer ce que font d'autres hommes.

## Sur cette terre où nous avons été créés libres, les uns détruisent, artisans de mort, les autres rebâtissent, artisans de vie.

Fort est qui abat, plus fort est qui relève. J'ai rencontré des êtres qui rendent vigueur – corps et esprit – à des milliers d'enfants, font repousser la chair sur des squelettes, offrent la sérénité à ceux qui marchaient vers la mort, extraient de l'abîme des adolescents en voie de débauche. »

– *Confessions d'une religieuse*

1997 : À QUATRE-VINGT-NEUF ANS, SŒUR EMMANUELLE DÉCIDE DE RETOURNER AU SOUDAN POUR RENCONTRER LES PARTENAIRES LOCAUX DE SON ASSOCIATION.

« Du Caire, je m'envole à Khartoum. Mon vieux cœur va-t-il bondir de joie ? Kamal me hisse dans une Jeep qui, en cahotant, nous emporte vers des écoles où je me régale à la vue de jeunes gens aux joues rebondies et aux membres musclés, en me délectant de leurs succès aux examens officiels : leurs lendemains sont assurés ! Dans les fermes, je mange avec appétit fromage, légumes et fruits produits par des adolescents aux yeux qui pétillent. Ils m'offrent même un cadeau pour mes pieds : une paire de souliers confectionnée dans les ateliers du soir et qui me chausse parfaitement. Je l'emporte en souvenir. J'assiste à une dernière réunion sur une esplanade remplie d'une nuée de têtes crépues d'où la joie fuse en feu d'artifice. Décidément,

l'équipe de Khartoum fait jaillir la vie comme un geyser ! Je suis comme un arbre vétuste qui revivifie ses racines.

Rien de tel pour rajeunir que de revenir sur le terrain de son action, de la voir amplifiée, et de la prolonger par le témoignage de la parole. Poursuivre sa vocation jusque dans le "grand âge" relaxe le corps et apaise l'âme. »

— *Confessions d'une religieuse*

Sœur Emmanuelle fut l'une des premières à alerter l'opinion publique sur la situation du Soudan.
Grâce à son cri d'alarme, les autorités françaises et européennes débloquèrent une aide d'urgence.

# Le Liban
# 1987, 1993

**Ci-dessus et page 96.** La ville de Beyrouth dévastée par les bombes, telle que sœur Emmanuelle l'a découverte à son arrivée sur place.

« Dans ce Liban crucifié, dans cet enfer de vengeance, ma foi vacille de nouveau : "Seigneur, où es-tu ? Pourquoi laisses-tu massacrer les innocents ?" La terre des hommes restera-t-elle toujours souillée par les carnages ? Le ciel de Dieu restera-t-il toujours muré dans son mutisme ? Et la désespérance m'envahit. Pourquoi cette absence de Dieu dans l'agonie des hommes ? Comment comprendre ce jeu atroce où l'oppresseur est libre de torturer, de clouer sur une croix un homme appelé Jésus et des millions d'êtres avec lui ?

Mon cœur se crispe,
la révolte une fois de plus s'empare de moi.
Quand donc ma foi, qui meurt avec chaque cadavre,
va-t-elle enfin s'agripper définitivement
au Ressuscité ? »

— *Confessions d'une religieuse*

« Le drame du peuple libanais est un de ceux qui m'a le plus forcée à réfléchir sur la destinée humaine.

Quel mystère que l'agonie d'un peuple, quel mystère que la résurrection d'un peuple ! Je l'affirme pour l'avoir vu : le Liban ne peut pas mourir. Cette nation possède des hommes et des femmes d'une force indomptable. Jetés à terre, ils sont prêts à rebondir. Avoir senti vibrer leur âme, au cœur même de leur tragédie, fait comprendre que "l'homme passe l'homme". Il est des heures où la bestialité paraît l'emporter, lorsque "la sale politique" transforme des humains en fauves hurlant à la mort. En arrivant à Beyrouth, j'avais l'impression de tomber dans l'Enfer de Dante : "Vous qui entrez ici, perdez toute espérance." Mais au fil des rencontres avec des "fous de vie", mon esprit a basculé. En eux, l'amour est plus fort que la mort. Leur cœur fait germer la vie. Ils sèment la verdure sur les tombeaux. »

— *Confessions d'une religieuse*

# 1992 Les Philippines

# « Au pied du volcan de Pinatubo, c'est un autre genre de scène extraordinaire qui nous attend.

L'éruption a tout saccagé, mais comme elle est rarissime, les malheureux habitants sont revenus. Les uns égalisent sur le sol les cendres de la lave refroidie et fertilisante. Certains, artistes, confectionnent d'étranges statuettes et de petits outils couleur de la cendre qu'ils arrivent à utiliser. D'autres sont occupés à construire quatre murs et, faute d'argent, leur maison s'arrêtera là ! Nous notons la somme qui leur manque. Au retour en France, un appel de fonds leur permettra d'avoir un toit pour se préserver du soleil et de la pluie... »

— *Confessions d'une religieuse*

**À gauche.** Sœur Emmanuelle avec une famille philippine victime de l'éruption du Pinatubo.

**Page de droite.** La ville dévastée après l'éruption qui a recouvert l'ensemble des habitations.

« J'en arrive à présent au plus affolant spectacle de ma vie : la pestilentielle montagne fumante, en continuelle croissance, formée par l'amoncellement quotidien des ordures de la ville. Sur ses flancs, des hommes et des enfants, les pieds enfoncés dans les immondices, fouillent avec ténacité ce qui serait mangeable ou revendable. Mais le feu couve dans les entrailles de ce monstre volcanique qui s'entrouvre parfois pour engloutir l'imprudent, souvent un enfant, et l'embraser vivant !

## Sous mes yeux terrifiés, un mioche court de toutes ses petites jambes à côté d'un camion colossal

qui gravit péniblement la pente, stoppe et crache ses tonnes d'ordures au risque d'ensevelir le bambin qui accroche de son fer recourbé quelques détritus. C'est insoutenable ! »

— *Confessions d'une religieuse*

Un enfant sur la « montagne fumante » des ordures de Manille qui fut fermée en 1996.

« Je termine ce chapitre par un rêve étrange : un volcan lance des torrents de flammes sur des palaces prestigieux, puis s'endort. Au pied du cratère devenu pacifique, des champs de canne à sucre s'étendent à perte de vue et fourmillent d'hommes affairés qui fauchent joyeusement les hautes tiges.

Non loin de là, des enfants rieurs s'élancent de claires maisonnettes et courent à travers les rizières vers leur école, tandis que des jeunes, filles et garçons, s'engouffrent gaiement dans une immense bâtisse qui paraît être une université. Tout chante et bouillonne de vie. [...] Ce n'était qu'un rêve, mais, demain, ce sera une réalité ! [...]

Je l'ai vu à l'œuvre, le Philippin : il est capable de transformer la lave de mort en culture de vie ! »

– *Confessions d'une religieuse*

Un cimetière recouvert
de cendres après l'éruption.

# 1998 Le Burkina Faso

1998 : SŒUR EMMANUELLE EFFECTUE L'UN DE SES DERNIERS VOYAGES, AU BURKINA FASO, POUR SOUTENIR LES ASSOCIATIONS LOCALES.

# « J'ai encore l'âme blessée du récent voyage au Burkina Faso

où une équipe des "Amis de Sœur Emmanuelle" m'a entraînée. C'est un des pays les plus pauvres de la planète. J'ai traversé des kilomètres de routes sans un champ cultivé, mes yeux n'ont rencontré que des broussailles. Le soleil dépasse quarante à cinquante degrés en été, comment labourer la terre avec une houe en bois ? Durant la saison des pluies, le sorgho est hâtivement semé, la récolte permet de survivre le reste de l'année. Le sida fauche les vivants, avec de l'aspirine pour seul remède. Comme aux anciens temps, cette épidémie bannit ses victimes de leurs cabanes, de leurs villages. Ils errent sans feu ni lieu. Les paroles de Pie XI dans l'encyclique *Populorum progressio* bondissent devant moi en lignes de feu : "Les peuples de la faim interpellent de façon dramatique les peuples de l'opulence. L'Église tressaille devant ce cri d'angoisse." Oui, heureusement, l'Église est présente au Burkina : des religieux, des religieuses s'acharnent pour revitaliser le pays, où des laïcs s'investissent à leur tour. »

— *Confessions d'une religieuse*

**Ci-dessus et double page suivante.** Sœur Emmanuelle visite deux centres d'aide aux enfants qu'elle a aidé à fonder, dans les environs de Ouagadougou.

# témoignage

alt. 350 m.
4-1-02
4,50
Noël 2001
Mme Simone Wardé
AFEL
BP 113 5332
Hanna
BEYROUTH
LIBAN

En août 1987, alors que la guerre battait son plein au Liban, alors que les obus ne cessaient de pleuvoir, nous avons organisé une fête dans la montagne, à l'occasion des fiançailles du premier enfant de l'AFEL. Quelle ne fut pas notre surprise de voir arriver à cette fête sœur Emmanuelle et M$^{gr}$ Grégoire Haddad[1] ! C'était la première fois qu'elle venait au Liban, et pour nous, les invités de ces fiançailles, c'était le premier contact avec elle.

1. Son Excellence M$^{gr}$ Grégoire Haddad, évêque titulaire catholique d'Adana, au Liban.

Dans la soirée, nous avons rejoint Beyrouth malgré le danger. Je proposai alors à sœur Emmanuelle de passer la nuit chez nous. Elle accepta, ce qui nous donna l'occasion à mon mari et à moi-même de mieux la connaître et de lui confier nos multiples soucis et projets, parmi lesquels la préparation de la fête de Noël 1987. Ayant constaté combien le budget était élevé et dépassait nos moyens, surtout en cette période de guerre, elle décida de lancer un appel à la télévision française en faveur de ces enfants défavorisés.

En novembre 1987, suite à l'appel télévisé de sœur Emmanuelle, l'AFEL reçut de France un grand container de cadeaux. Comme disait sœur Emmanuelle : "L'essentiel pour un enfant est d'être aimé, éduqué et de pouvoir accéder à une formation scolaire, voire universitaire."

Depuis ma rencontre avec sœur Emmanuelle, je suis restée en contact avec elle, soit par des cartes, soit par des lettres manuscrites que je garderai précieusement comme des "paroles d'Évangile", comme des règles de vie.

J'ai toujours admiré la sérénité et le calme de sœur Emmanuelle, son caractère de "battante" lorsqu'il s'agissait de venir en aide aux plus démunis. À tous mes amis, à tous ceux qui donnent de leur temps et de leur argent pour améliorer la situation des plus défavorisés, je répète à sa suite : "Persévérons et nous surmonterons les obstacles grâce à notre foi en Dieu et à nos ressources intérieures." "Acharnons-nous, disait-elle, et nous réussirons : *Yalla !*"

"Vivre, c'est agir", m'écrivait-elle dans la dernière carte que j'ai reçue.

Simone Wardé
**Présidente de l'AFEL, Association du foyer de l'enfant, organisation non gouvernementale laïque s'occupant d'enfants au Liban.**

« L'homme n'est qu'un roseau,
le plus faible de la nature. »

—*Pascal,* Pensées, *§ 347-200.*

« Quand, en 1
à la demande de
j'ai quitté le bidon
en France, le pro
était trop ancré en
se dissiper. J'avoue c
loin de penser trou
une telle détresse,
multitude… Je ve
À nouveau, quel choc

993, acquiesçant
mes supérieures,
ville pour rentrer
blème de la misère
moi pour pouvoir

# en France

ependant que j'étais
ver dans mon pays
touchant une telle
ux parler des SDF.
terrible dans ma vie ! »

1993 : À LA DEMANDE DE SES SUPÉRIEURES, SŒUR EMMANUELLE QUITTE DÉFINITIVEMENT L'ÉGYPTE ET REJOINT SA COMMUNAUTÉ EN FRANCE POUR PRENDRE SA RETRAITE.

# « Voilà pour moi le maître mot, la relation.

Ce qui rend l'homme heureux, ce ne sont pas, comme voudrait nous le faire croire la publicité, les derniers gadgets à la mode, ni la richesse ni le pouvoir, mais la qualité des relations qu'il entretient avec les autres. Pourquoi les Occidentaux perspicaces voyageant dans les pays du tiers-monde sont-ils si fréquemment frappés par l'air joyeux des "indigènes", même les plus pauvres ? Pourquoi moi-même ai-je pu vivre les années les plus heureuses de ma vie dans les bidonvilles du Caire ? En raison de la qualité des relations entre les membres de ces communautés. L'homme – la femme aussi – a un besoin de se faire aimer immense, de se faire aimer pour ce qu'il est et non pas pour la forme de ses oreilles ou la beauté de ses yeux. »

*– Jésus, tel que je le connais*

Le 6 avril 1987, sœur Emmanuelle arrive pour une réunion avec le Premier ministre Jacques Chirac à l'hôtel Matignon, à Paris.

« L'abbé Pierre me fit un jour une confidence qui me bouleversa. Face à face avec lui, dans son petit bureau de Charenton, je lui disais ma joie exubérante de soulager les détresses. Un regard d'angoisse filtra soudain entre ses paupières. Il se tut un moment, puis murmura comme à lui-même : "Quelle douleur de porter en son âme, comme en son corps, les malheurs de la terre." À ce moment, il me fit penser à la face du Christ imprimée sur le suaire de Turin : un cercle d'ombre autour des yeux mi-clos, des lèvres douloureuses, un visage de souffrance... Il leva ensuite vers moi son regard empreint de chaleur et une sorte de paix lumineuse s'empara de lui : "Oui, joie et douleur, sœur Emmanuelle, il faut laisser les deux pénétrer en soi, si on veut aider l'autre à sortir de la douleur pour entrer dans la joie."

Cette entrevue me fit profondément remettre en question le côté léger et rieur de ma nature. »

— *Confessions d'une religieuse*

Sœur Emmanuelle et l'abbé Pierre se sont rencontrés en Égypte dans les années 1980, quand celui-ci est venu lui rendre visite dans les bidonvilles du Caire. Ici en 1993.

Tous les ans, sœur Emmanuelle fait le tour des différents centres Emmaüs en France pour donner des conférences et récolter des fonds.

« Pour l'homme tombé au dernier échelon de l'échelle sociale, l'abbé Pierre a eu cette idée de génie :

proposer à ce désespéré d'être sauveur d'autres désespérés... merveilleux pouvoir de relèvement de l'être humain !

Les compagnons d'Emmaüs sont la preuve vivante de cette puissance de transformation. Ils comptent parmi les amis que j'admire profondément. J'ai écouté leurs histoires qui aident, elles aussi, à comprendre les méandres du cœur humain. [...]
Je les ai vus à l'œuvre dans la cinquantaine de foyers où j'ai été tour à tour appelée. Leur travail est dur : récupérer et remettre en état les rebuts qu'on jette à la poubelle. Ils ne reçoivent aucun salaire, juste de quoi s'acheter des cigarettes – ceci pour éviter les tentations de l'alcool.

– *Confessions d'une religieuse*

À partir de 1998, sœur Emmanuelle participe à l'accueil des personnes sans domicile fixe au sein de l'association Les Amis de Paola, à Fréjus.

« Je découvrais, dans un local à Fréjus, les gens de la rue, hommes et femmes qui avaient coupé tout rapport avec leur famille et la société. [...] Quel choc salutaire me fut offert lorsque je me suis trouvée face à face avec un univers qui m'était totalement étranger ! Des confidences terribles me firent comprendre à quel point ces êtres méprisés, exclus, sont des frères et sœurs de sang qui, malheureusement, ont roulé plus bas que moi. Pourquoi ? Des événements porteurs de souffrance et d'injustice les ont entraînés jusqu'à les jeter à terre. [...] Un refrain revenait dans la bouche de tous : "Le pire, c'est quand on se sent méprisé, avili, redouté comme un bandit." Mais voilà l'incroyable :

dès qu'ils se sentent écoutés sans mépris, compris, aimés tels qu'ils sont, une sorte de déclic se produit. Ils veulent bien se laver, se raser, accepter des vêtements convenables. »

— *Confessions d'une religieuse*

« Rien n'est jamais perdu. [...] J'aime bien cette fable de La Fontaine sur les deux grenouilles tombées dans le lait : la première se laisse aller et se noie ; la seconde se débat tant et si bien qu'elle transforme le lait en beurre et, du coup, est sauvée. "Le vainqueur, a dit Napoléon, est celui qui tient une heure de plus." Eh bien, il faut se battre. Il faut tenir une heure de plus. »

— *Le paradis, c'est les autres*

« Avant une conférence, je demande souvent une minute de silence et, dans mon cœur, je me recueille. Je prie afin que l'esprit de Dieu soit présent parmi nous. Si c'est Emmanuelle qui parle, cela n'ira pas bien loin. Mais si c'est le Christ qui parle à travers Emmanuelle, ou Dieu avec nous, puisque tel est le sens de mon nom, il se passera tout autre chose !

## J'aime la ferveur de ces instants quand ceux qui aiment prier me rejoignent dans la prière, tandis que les autres respectent notre silence.

Même les enfants ne bougent pas. J'en suis impressionnée et je vis cette minute de silence en pensant aux premiers versets de la Genèse. En hébreu, le texte dit littéralement que "la terre était tohu-bohu", ce que l'on a traduit par "informe et vide" en français. Au-dessus du chaos de la matière, "l'esprit de Dieu se mouvait sur les eaux ". »

— *La Folie d'amour*

**Ci-contre et page 129.**
En 1998, sœur Emmanuelle se rend au collège Montalembert, à Levallois-Perret, quelques jours avant ses quatre-vingt-dix ans.

« Que peut-on attendre de notre justice ? Les gens se plaignent, accusent le monde, déplorent la violence. Mais ceux qui crient pour la justice, que font-ils ?
Dans les conférences, c'est une question que l'on me pose souvent : "Devant tant de violence, devant tant d'injustice, ma sœur, ne doutez-vous pas de Dieu ?" Je réponds toujours :

## "Je ne doute pas parce que Dieu me demande de lutter."

Et je poursuis : "Et vous, cher ami, que faites-vous pour qu'il y ait un peu plus de justice, un peu plus d'amour sur la terre ?" On me répond en général : "Ce n'est pas mon problème, c'est au gouvernement de travailler pour résoudre ces questions." Alors on reste tranquillement assis sur sa bonne conscience, son compte en banque et c'est tout ? Non, ça ne va pas. Plus on crie, moins on fait. »

— *La Folie d'amour*

« Dans toutes mes conférences, je ne cesse de répéter aux jeunes : "devenez compétents. Moi, je n'ai réussi à transformer que le petit monde autour de moi. Vous, c'est le monde tout court que vous devez changer !" »

— *Le paradis, c'est les autres*

« Les détenus ont toujours suscité ma compassion. J'en ai visité un grand nombre. Leur détresse me paraissait plus effroyable, en un sens, que celle des pires situations que j'avais connues. Entraînés à la violence par de tristes circonstances, ils étaient rejetés et comme mis en cage par une société épouvantée, en position de défense. »

— *Confessions d'une religieuse*

« Les détenus m'ont révélé un aspect fulgurant du mystère de l'homme. Au départ, deux graines sont cachées dans son être. L'une porte en germe un criminel, l'autre un saint au cœur fraternel. Dieu seul peut juger la part de choix libre qui a amené la croissance de l'une ou de l'autre. Je suis de plus en plus persuadée que j'ai eu besoin pour mon compte d'un recours continuel à Dieu pour mettre un mors à mes passions. J'ai souvent pensé à cette phrase de Taine déjà citée qui me paraît effrayante de vérité : " Grattez le vernis de cet homme civilisé, vous trouverez un gorille féroce et lubrique. "

## Je flaire en moi une affinité secrète de corruption avec mes malheureux frères humains entraînés vers le mal.

Je ressens parfois dans ma chair et mon sang d'étranges fermentations. Parfois, la nuit, en proie à des rêves troubles, je me réveille en sursaut : où suis-je, qui suis-je ? Aurais-je pu devenir le chef de gang dont mes amis blagueurs voient en moi l'embryon ? »

— *Confessions d'une religieuse*

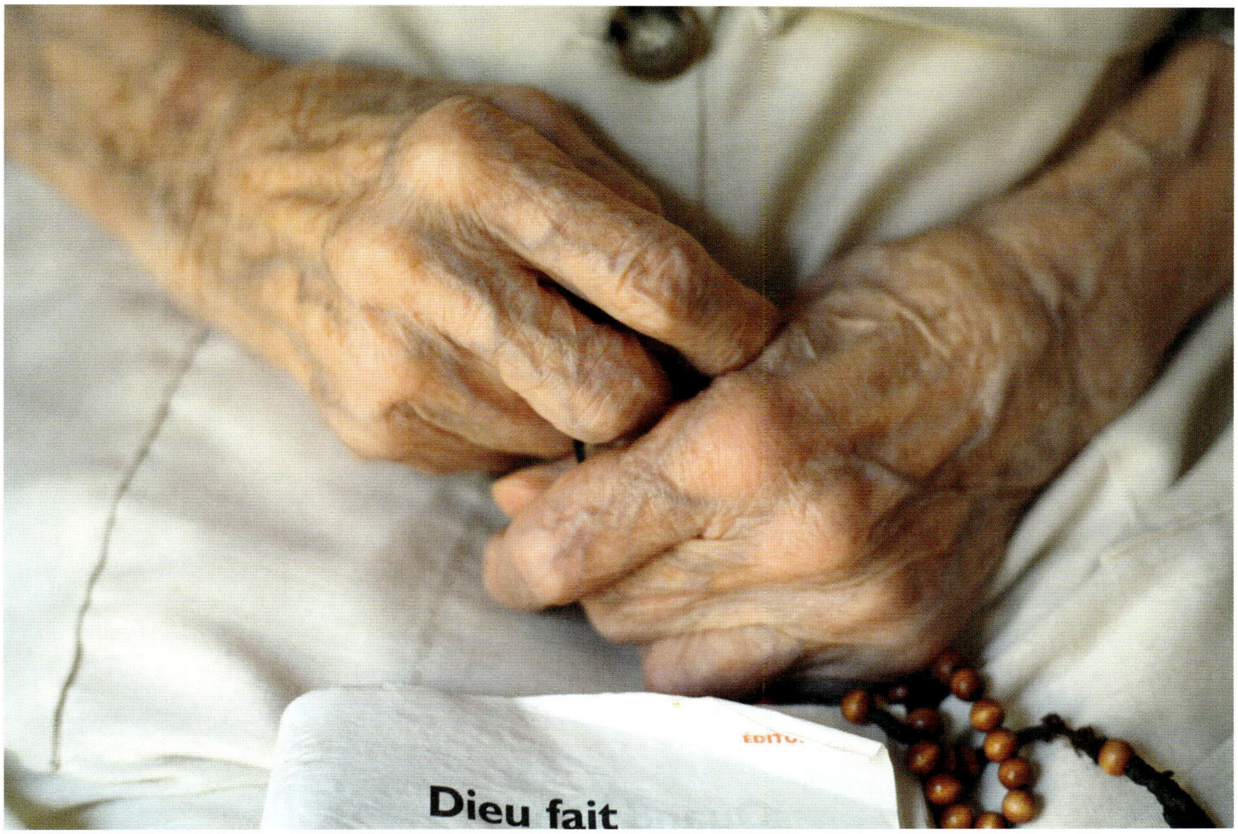
Dieu fait

# témoignages

"J'avais une admiration folle pour sœur Emmanuelle, je l'aimais. C'était une femme formidable, avec une âme d'enfant.

Il m'est arrivé plusieurs fois de l'emmener déjeuner dans de grands restaurants. Elle mangeait très bien et elle buvait du vin avec plaisir. Elle me disait : "C'est un délice ! Merveilleux !" Tout le monde était étonné de voir sœur Emmanuelle déjeuner dans ce type d'établissements. Mais à la fin du repas, quand nous approchions du dessert, elle me demandait : "Alors dis-moi, qui sont-ils, où sont-ils ? — Eh bien, voilà, ici tu as..." et je citais des noms de gens extrêmement aisés, très connus dans les affaires et dans le monde de l'art. "Ça, c'est untel, ça, c'est la société une telle. — Tu crois que je peux y aller ? — Oui, évidemment."

Alors elle se levait et elle y allait. Elle passait de table en table et s'adressant à chacun, elle disait : "Bonjour, il paraît que tu as un peu d'argent ? Eh bien, il faut penser à ceux qui n'en ont pas et qui meurent." Les gens étaient complètement abasourdis, mais ils lui donnaient. Je n'ai jamais vu quelqu'un lui refuser. Elle était redoutable. Elle ne lâchait pas ses proies.

Sœur Emmanuelle assiste au spectacle de Robert Hossein, *Bonaparte*, en décembre 2002.

Elle le faisait comme une évidence, pour la cause. Je ne suis pour ma part jamais intervenu. Je n'étais pas à côté d'elle quand elle faisait ça. Je n'étais que le préposé à trouver les lieux où rencontrer ce type de personnes. Je lui offrais le sésame. Sœur Emmanuelle s'introduisait et ensuite, je la laissais faire. Nous avons ainsi cheminé un moment ensemble.

Je crois qu'avec des gens comme elle, on sauverait le monde. Il faudrait réorganiser complètement la planète et nous manquons de personnes comme elle. »

Robert Hossein
Propos recueillis

« J'ai rencontré sœur Emmanuelle en Égypte, en 1994. Je souhaitais lui présenter notre projet et je m'attendais à voir une vieille femme, diminuée, à qui il aurait fallu expliquer simplement ce que nous projetions de faire. Mais je me suis retrouvée face à une vraie professionnelle qui m'a posé des questions très précises.

Je lui écrivais souvent pour lui faire part de l'avancée de La Chrysalide, à Bobigny. Nous franchissions progressivement les étapes, mais sœur Emmanuelle me disait : "Cela ne va pas assez vite !" Elle était impatiente et souhaitait que nous accélérions la cadence. Finalement, en 2006, elle est venue pour l'ouverture du centre. Elle fut très touchée par la mixité de notre équipe et par les principes que nous souhaitions mettre en place. Ce qui l'enthousiasmait, c'était notre désir d'avoir une approche globale des problèmes auxquels pouvaient être confrontées ces jeunes mères.

La plupart des résidentes ont gardé un souvenir ému de la venue de sœur Emmanuelle. Un an plus tard, elles décidèrent d'organiser un voyage à Callian pour lui rendre visite. Sœur Emmanuelle les a accueillies avec beaucoup de chaleur, les félicitant pour cette entreprise. Ce voyage reste pour ces femmes un souvenir impérissable. Une bonne partie d'entre elles ont ensuite rapidement retrouvé un emploi et une stabilité. Car si sœur Emmanuelle avait une force intérieure phénoménale, elle avait surtout le don de l'insuffler aux autres. Elle était ainsi parvenue, en à peine deux jours, à offrir à ces femmes une force d'action que nous aurions peut-être mis dix ans à mettre en place.

C'était une femme remarquable ; rien ne l'arrêtait, elle suivait son idée et répétait souvent à chacun qu'il fallait s'acharner et tenir. Aujourd'hui encore, cette maxime est la mienne et quand nous nous retrouvons confrontés à des situations compliquées, je repense à cette phrase, et ça marche !

Sabine Pirrovani
Directrice du centre d'hébergement La Chrysalide, à Bobigny, destiné aux jeunes mères en détresse.

J'ai décoré sœur Emmanuelle de la Légion d'honneur ; c'est ainsi que nous nous sommes rencontrés pour la première fois.

Elle avait compris que je la comprenais. Je me souviens, elle m'avait fait un très joli compliment : "Toi tu me plais, tu as une bonne tête, tu ressembles aux assassins de mon tas d'ordures au Caire".

Sœur Emmanuelle est ensuite venue me voir au Samu social. Elle souhaitait m'accompagner une nuit pour faire la maraude. Elle voulait voir comment cela se passait. Elle a ainsi effectué une tournée avec moi et ça a très bien marché. Elle avait une façon d'être simple, émouvante et ludique. Je la revois encore assise à l'avant du camion. Elle m'avait épaté : j'avais voulu l'aider à descendre. Erreur ! Elle avait alors quatre-vingt-dix ans passés mais elle a sauté de sa place et elle est partie directement à la rencontre des gens. Les personnes de la rue étaient enchantées, elles la reconnaissaient, c'était très sympathique. Je vois l'image de cette vieille dame en basket, installant un climat de proximité avec chacun. Elle connaissait tous les trucs pour approcher les personnes, même les plus rebutantes, et elle faisait cela avec beaucoup d'allégresse.

Sœur Emmanuelle est quelqu'un qui possédait, à cause de son grand âge et parce qu'elle n'avait rien à prouver, une immense liberté. Elle n'était pas coincée par des "comme il faut" ou par des "politiquement correct" : elle était très libre et spontanée. Je pense que le contact avec les plus démunis lui avait donné cette simplicité de ton.

Xavier Emmanuelli
Fondateur du Samu Social. Propos recueillis

C'est dans le cadre d'un partenariat entre l'association des Amis de sœur Emmanuelle et ma fondation Virlanie basée aux Philippines que j'ai eu l'occasion, voici plus de quinze ans, de rencontrer sœur Emmanuelle, lorsque je fus invité en 1995, à faire une tournée de conférences avec elle. C'était pour moi un honneur de pouvoir la côtoyer. Avant les conférences, sœur Emmanuelle me disait: "Dominique, mets ta chaise contre la mienne"... En réalité, quand elle désirait ne pas répondre à une question, elle me pinçait et me laisser me débrouiller tout en m'épaulant. Quelle vivacité ! Quelle énergie, quelle force de conviction dans ses réponses au public !

À la fin d'une conférence, Boris Cyrulnik est venu me voir et m'a dit : "Quelle bête de scène ta sœur Emmanuelle !"

Je l'entends encore me dire, lors de notre dernière rencontre : "N'oublie pas Dominique, tu dois toujours être vraiment proche des plus pauvres."

Dominique Lemay
président de la fondation Virlanie, qui œuvre pour les droits des enfants aux Philippines.

« Le silence éternel de ces espaces infinis m'effraie ! »

—*Pascal,* Pensées, *§ 91.*

« Qu'évoq
de "retraite" ?
le repli d'une ar
enfin déclarée ?
quitté ou perdu
bien plutôt po
dans le silence

# retraite à Callian

Le village de Callian, dans le Var.

# « Dorénavant, que sera mon existence ? Un dessèchement physique et spirituel, ou une gestation renouvelée de l'âme au secours de la tragédie humaine ?

J'en commence l'expérience au cours de longues heures de prière, où je me sens plus proche de Dieu et des hommes, dans un fleuve de tendresse. Ici encore me reviennent en mémoire les dernières paroles de mère Marie-Alphonse : "Ayez un cœur blessé de la souffrance du monde." En écho, résonnent ces mots de l'abbé Pierre : "Quand tu as mal, j'ai mal." C'est par une plongée dans le cœur du Christ que cette compassion s'opère. Il n'empêche que, pour un tempérament actif, la coupure soudaine des rencontres provoque un certain mal à l'âme. Cependant, chaque épreuve peut aider la personne à devenir plus humaine, plus proche des millions d'êtres qui ahanent sur le même chemin. Je crois, avec Teilhard de Chardin et d'autres penseurs, que l'humanité monte en cordée. Celui qui, découragé, ne s'immobilise pourtant pas mais s'efforce d'avancer, tire et aide à monter bien d'autres avec lui. " Celui qui s'élève, élève le monde ", disait autrefois Élisabeth Leseur. La communion des humains entre eux n'est pas un vain mot. »

— *Confessions d'une religieuse*

« Je dis merci à Dieu de m'avoir fait expérimenter que rien n'est jamais acquis :

## je croyais bénéficier de ma retraite comme un soldat de ses lauriers après le champ de bataille. D'autres champs de bataille m'attendaient, mais c'était toujours la même guerre.

Dans l'épreuve de l'activisme et de la notoriété comme dans l'épreuve de la vieillesse, il s'agit toujours de faire la cuisante expérience de sa faiblesse, de son néant, de son incapacité. C'est toujours le même tunnel dans lequel on s'avance, le tunnel du manque. Mais c'est toujours aussi la même arme qui permet la victoire du moment, triomphant de la dernière défaite. À chaque coup, il s'agit de retrouver la pauvreté comme capacité de Dieu. L'abîme de notre pauvreté est ouverture à Dieu, car Dieu ne peut entrer que dans le vide. Dieu est appelé par notre vide et s'y engouffre. Dieu, le Tout-Puissant, s'est lui-même fait pauvre et faible. La pauvreté, c'est le point de ralliement entre Dieu et nous. »

— *Confessions d'une religieuse*

« Un autre genre d'activité a débuté à cette période pour m'occuper, finalement, jusqu'à aujourd'hui. Je me suis mise à écrire. [...]

Qu'est-ce qui pousse à prendre la plume ? Serait-ce un désir de dialoguer, de livrer une vision des êtres et attendre ce que d'autres en pensent ?

Serait-ce ce désir d'engendrer dont Socrate parle comme étant ce qui monte au cœur de l'homme d'un certain âge ? Écrire, n'est-ce pas un genre d'enfantement, dans le sens où l'on fait sortir hors de soi-même ce qu'on porte de plus profond ? Serait-ce encore, plus prosaïquement, le désir d'être connue, de se faire un nom, peut-être aussi de perdurer dans le temps ? Sans doute ces différentes aspirations se sont-elles conjuguées en moi, avec un accent particulier selon les sujets. Lorsque, de plus, on a partagé de manière intime la vie d'une population comme je l'ai fait, on acquiert une connaissance de l'homme qui n'a plus rien de superficiel. De là vient le désir de faire goûter à d'autres cette incroyable richesse. »

— *Confessions d'une religieuse*

Sœur Emmanuelle commence la rédaction de ses *Confessions* et répond quotidiennement aux nombreuses lettres qui lui parviennent.

Dans le jardin de
Notre-Dame-de-Sion
à Callian, en 1994.

Dans la prière, je mesure la joie d'avoir pu contempler des victoires de l'amour et de la justice déjà acquises sur les forces de la mort. J'ai compris dans le silence de mes journées d'orante où et comment se déroule cette lutte : elle se forme dans la simplicité du quotidien, lorsque l'intérêt personnel n'est pas le seul objectif de l'existence, mais que l'on est pris aux entrailles par le malheur des autres. »

— *Confessions d'une religieuse*

« Je crois très profondément que les âmes peuvent communiquer par d'autres moyens que le contact physique ou la présence visible. Plus ma relation avec Dieu devient forte, plus elle fortifie ma relation avec les hommes. »

— *Confessions d'une religieuse*

« D'après moi, sœur Emmanuelle, il n'y a pas sur terre de situation, si désespérée qu'elle paraisse, qui n'apporte que la mort. Pas une seule réalité qui ne porte en elle un germe de résurrection. Comme les ordures de l'usine de compost qui feront refleurir le désert. Jamais je n'aurais pu supporter la vie que j'ai eue, toutes ces détresses au Soudan, au Liban, tous ces enfants qui mouraient du tétanos en Égypte, si je n'avais cru à la résurrection de la chair, à la vie au sens le plus large du mot. L'amour est plus fort que la mort parce que ce n'est pas du fait que tu meurs que tu n'aimes plus et que tu n'es plus aimé. La manière dont tu as vécu continue.

Si tu as aimé, si tu as partagé, si tu as voulu le bonheur des autres, tu as posé des actes d'amour qui ne mourront jamais.

C'était, même si tu ne l'as pas professé explicitement, une manière de rendre gloire à Dieu. En revanche, si tu as écrasé les autres pour n'aimer que toi-même, tu n'as eu que la vie d'un animal et tu t'es ouvert à toi-même les portes de l'enfer. Ce n'est pas Dieu qui t'y jettera, ce sont tes actes de non-amour. Non, l'enfer, ce n'est pas les autres. L'enfer, c'est l'homme qui s'enferme sur lui-même. »

— *Le paradis, c'est les autres*

« La lutte que je mène maintenant ne me demande plus de courir et de me bouger. Au contraire. À la chapelle, en restant très silencieuse, je laisse pénétrer dans mon cœur et dans mes pensées les drames du monde, les souffrances de mes correspondants. »

— *Le paradis, c'est les autres*

« Le jour de ma première communion, une alliance a été scellée entre Jésus et la petite Madeleine.

Depuis, c'est-à-dire près de quatre-vingt-dix ans, rares ont été les jours où mon cœur n'a pas palpité de ce mouvement d'amour qu'est la messe, l'eucharistie, la communion dans l'action de grâce. C'est d'ailleurs le sens, en grec, du mot "eucharistie" : rendre grâce ou, plus simplement, remercier. »

— *Confessions d'une religieuse*

« Ma barque était en train de quitter le rivage pour gagner l'autre bord. D'un côté, ce que je quitterai bientôt : le non-être, l'écume de la notoriété et des louanges ; de l'autre, la terre enfin ferme où j'allais accoster : l'autre monde où les valeurs sont bien différentes. La perspective de ce passage prochain se faisait avec d'autant plus de sérénité que, durant les dernières années, j'avais pu mesurer combien l'avenir de mes initiatives était désormais assuré. »

— *Confessions d'une religieuse*

« Je me suis ainsi préparée à la mort, mais pas à la vieillesse.
J'en suis désemparée. [...]
Je n'étais pas prête à cela, à assumer dans un abandon souriant mon impuissance physique. Je m'étais constamment battue, au long de mon existence, contre des impuissances psychiques, affectives, spirituelles, mais mon corps avait tenu bon. Cette fois-ci, il me semble que je suis prise au cœur même de cet être "Emmanuelle" : je n'avais jamais ressenti, à un tel point, ce manque d'être, de vivre, de marcher, d'agir. Pour moi, c'est une véritable épreuve. Comment y répondre ? Je ne sais même plus prier comme je le faisais. Je n'arrive plus à me concentrer sur l'au-delà, Dieu, le Christ. Mon imagination m'emporte, et me voilà bien loin, à chaque coup. [...] Je comprends aujourd'hui, [à son exemple,] que ma vocation première – vivre avec et pour les pauvres – se réalise dans ma vocation actuelle.

Appauvrie de corps, me voici peut-être maintenant plus proche des pauvres dans leur chair, les malades, les handicapés, les vieillards :
je suis, plus que jamais, leur semblable.

Voici pour le vivre avec. Mais comment vivre pour eux ? »

– *Confessions d'une religieuse*

« Maintenant tout est devenu plus simple, tout s'est purifié.

Au fur et à mesure que l'homme se rapproche de Dieu, il se rapproche de la vérité de Dieu et de l'homme, donc il se simplifie. Avant, je me passionnais pour tout, pour les idées, les discussions, les théories. Je dévorais les livres dont je consignais les résumés dans des cahiers de couleurs différentes. [...] Maintenant que je suis définitivement entrée dans la vieillesse, il ne reste de tous ces discours et de toutes ces angoisses que deux petites phrases : "Dieu s'est fait homme" et "L'homme est mon frère". Je crois qu'il faut avoir quatre-vingts ans passés pour arriver à ce dépouillement. »

— *Le paradis, c'est les autres*

« Aussi, c'est encore le temps du plus grand amour. Je n'ai plus rien à partager, je ne peux plus patauger avec mon corps dans les ordures d'un bidonville, mais je peux plonger mon âme avec le Christ dans le drame infernal que vit la planète. Je n'oublie pas la sentence de Pascal : "Le Christ est en agonie jusqu'à la fin du monde. Il ne faut pas dormir durant ce temps." Ne dors pas, Emmanuelle. Reste aux aguets, tendue vers le crépitement des armes, le gémissement des blessés, l'agonie des mourants, écartelée entre des hommes désespérés et un Dieu invisible. Reste debout auprès des cadavres que la terre engloutit chaque jour, avec la Vierge, la Vierge du Vendredi saint qui présente au Père son Fils mort pour qu'Il le ressuscite. Entre dans son espérance et sa prière, offre avec elle au Père tous les morts de la terre : ils ressusciteront avec le Christ.

Ne dors pas, Emmanuelle, ne laisse pas s'éteindre la flamme, reste solidaire dans ta prière. »

— *Confessions d'une religieuse*

# témoignages

## Pour toujours, l'amitié

« Il est indécent, voire impossible, de parler d'une amie disparue.

Décrire notre collaboration est plus facile : durant quinze ans, sœur Emmanuelle et moi avons travaillé d'arrache-pied, corrigeant, complétant, achevant enfin ses *Confessions d'une religieuse*, relisant entre-temps tous ses ouvrages, écrivant ensemble *Richesse de la pauvreté* et *Vivre à quoi ça sert ?* Incapable de travailler avec quelqu'un qui ne lui résisterait pas quelque peu, nos séances d'écriture furent épiques, émaillées parfois de franches engueulades et de fréquents fous rires, animées surtout d'une exigence réciproque : l'accouchement précis de ses intuitions et de leur juste expressivité. Elle plaisantait d'ailleurs volontiers de l'intransigeance qu'elle attendait pourtant de moi : « Vous savez ce qu'il a osé écrire en marge d'une de mes pages : "écrit par une vieille institutrice du début du siècle" ! »

Cette exigence nous entraînait dans de longues et profondes discussions théologiques, humaines, spirituelles et interpersonnelles. Nous recherchions le point de communion de nos intelligences, de nos cœurs et de notre foi, au service *et* de sa pensée *et* du bienfait pour le lecteur. Nous construisîmes ainsi une profonde connaissance et amitié mutuelles. C'est elle-même qui dévoile (ce qui, déontologiquement, me serait interdit) qu'elle « [me] pri[t] comme confesseur » (v. *Confessions d'une religieuse*, p. 337).

Dans ce registre, je ne dirai rien de nos échanges. Je peux cependant souligner ce qu'elle a décrit elle-même : l'apaisement de sa vie dans

Sœur Emmanuelle et le chanoine Philippe Asso au cours de la rédaction des *Confessions d'une religieuse*.

ses dernières années. Préparée à la mort imminente dès 2006, elle fut rassurée par l'achèvement de son ouvrage posthume. Elle devint moins tranchante et, surtout, se réconcilia davantage avec l'image qu'elle avait d'elle-même et avec celle qu'elle donnait à voir. Elle finit non pas par accepter l'échec de sa vie – la conscience aiguë ne n'avoir ni pu ni su vivre « une vie d'amour » –, mais par le gérer plus sereinement. Elle s'abandonna plus avant dans le renoncement à ses idéaux déçus et dans la confiance en l'amour, telle qu'elle était, de son « Bien aimé ».

Quant à notre amitié, comment la dire autrement que par le terme de réciprocité ? Elle ne fut jamais, pour moi, LA sœur Emmanuelle. « Pourquoi m'aides-tu autant ? », me demanda-t-elle un jour. « Parce que c'est ton message, ce que tu as à dire au monde qui me passionne », lui répondis-je. Nous partagions certes des traits de caractère semblables, mais aussi une sorte d'autorité asymétrique l'un envers l'autre, réciproque et consentie : elle, la religieuse chargée d'ans, d'expérience et de renommée ; moi, le jeune prêtre, théologien et conseiller.

Nous n'avons jamais cessé de prier l'un pour l'autre, et nous continuons de le faire. Nous demeurons, aujourd'hui et dans l'éternité, moi son grand frère et elle ma grande sœur. »

Chanoine Philippe Asso

## La fiancée du Christ

Nombreuses sont les anecdotes dont chacun peut se souvenir, tirées de ses rencontres avec sœur Emmanuelle. Je ne voudrais pas en ajouter une de plus, alors que nous célébrons la mémoire de notre amie, l'année après celle de sa mort terrestre.

Non, avec mes pauvres mots, je voudrais dire la force du choc que j'ai ressenti.

Pour moi, sœur Emmanuelle était la fiancée du Christ. Jamais personne ne m'avait parlé de Lui comme elle le faisait. Je l'écoutais avec passion, car elle donnait vie, chair et âme à ce qui n'était pour moi qu'une foi reçue de l'éducation de mes parents et entretenue, tant bien que mal, par la suite.

Il était avec elle, elle était avec Lui. Toutes ses attitudes, toutes ses paroles l'attestaient.

Forte de cette attitude, elle allait vivre et agir selon les préceptes de l'Évangile. Elle s'était forgé un cœur de pauvre et ainsi était-elle armée pour aller au plus profond de la misère humaine, chercher les plus petits et les plus méprisés, des bidonvilles du Caire à l'action au service des SDF, en passant par l'envoi de médicaments aux chrétiens du Soudan, pour ne citer que quelques périodes de sa vie. Elle n'hésitait devant rien, y compris les démarches auprès des tenants du pouvoir et l'utilisation à bon escient des moyens de communication.

L'intelligence qui commandait toutes ces opérations au service des plus démunis était si profonde que cela ne pouvait s'expliquer que par ce cheminement étroit avec le Christ. Son amour pour Lui transcendait ses attitudes et ses paroles, et ce faisant elle confortait, enrichissait la foi de ceux qui ont eu cette chance extraordinaire de la rencontrer et d'échanger, voire d'agir, avec elle.

Sœur Emmanuelle a beaucoup semé. Le temps des récoltes est déjà là sous son regard qui ne nous quitte pas.

Jacques Delors
Président du Conseil de l'emploi, des revenus et de la cohésion sociale (CERC)

## Ma sœur Emmanuelle

De l'amour sans limite que sœur Emmanuelle vouait à l'humanité, et d'abord aux plus déshérités, venait une lumière ardente. Par la seule force de sa volonté, elle avait le don d'entraîner les indifférents derrière elle pour combattre le malheur, avec cette joie communicative qui, en dépit des misères qu'elle côtoyait, encourageait tous ceux qui l'approchaient à se mettre à son diapason. Emmanuelle distribuait généreusement sa force de vie et la distribuait sans compter. Sans doute la puisait-elle dans son immense foi, mais je crois, moi, qu'elle la trouvait dans son dévouement total à l'égard des plus pauvres. Les vies sauvées, le sourire des enfants qu'elle tirait de la misère étaient son unique récompense. Elle donnait tout aux autres et elle leur aurait offert sa propre vie si elle l'avait pu : cette vie était son seul bien.

Cet abandon d'elle-même au profit des plus démunis ne masquait rien. Sœur Emmanuelle était une femme, et quelle femme ! Comme tout le monde, je n'ai pu résister à la jeunesse éternelle qui l'habitait ni à une beauté qui n'était pas seulement intérieure. Au point de lui proposer, en plein ciel, alors que nous nous rendions au Sud Soudan dans un avion improbable, de devenir ma "Fiancée du Soudan". Elle a accepté dans un grand rire qui reste pour moi une des plus émouvantes sources de volonté et de combat.

Les forces lui ont manqué, un jour pourtant, et elle est partie alors qu'elle voulait tant faire encore. Son esprit, sa joie, sa lumière restent. Et l'amour que nous lui portons toujours sera un viatique.

Bernard Kouchner
Ministre des Affaires étrangères et européennes

**Double page suivante.** Sœur Emmanuelle décède le 20 octobre 2008 à l'âge de quatre-vingt-dix-neuf ans. Une messe en son honneur est organisée le 22 octobre 2008 en la cathédrale Notre-Dame de Paris. De nombreuses personnalités et plusieurs centaines de personnes se sont rassemblées ce jour-là pour lui rendre un dernier hommage.

association Asmae
Soeur Emmanuelle
Agir pour l'enfance défavorisée

**Asmae - Association Sœur Emmanuelle** est une organisation de solidarité internationale spécialisée dans le développement de l'enfant. Créée par sœur Emmanuelle en 1980, Asmae poursuit son action dans le respect des valeurs d'écoute et de réciprocité hérités de sa fondatrice. Indépendante, laïque et apolitique, elle est ouverte à tous. Ses actions visent à soutenir les enfants et leur famille et à favoriser leur autonomie, par l'accès à l'éducation, à la santé et l'accompagnement psychosocial. Présente dans neuf pays sur trois continents, Asmae - Association Sœur Emmanuelle mène plus de deux cents projets auprès de quatre-vingt partenaires locaux.

« Si chaque homme, chaque femme mettait une goutte d'eau, ça ferait que l'océan changerait. »

*— Sœur Emmanuelle*

Nos actions dans le domaine de l'éducation visent à permettre l'accès à une éducation de qualité. Elle doit donner aux enfants des « outils de vie ». Au Burkina Faso, par exemple, avec notre partenaire IDEBAK, nous avons soutenu l'électrification des écoles et la mise en place d'infirmeries scolaires dans une zone rurale qui connaissait un taux de scolarité très bas. Cela a permis de revaloriser l'école et d'amener plus d'enfants à la fréquenter.

S'agissant de la santé, sa définition va au-delà de l'absence de maladie ou d'infirmité mais doit permettre un état complet de bien-être physique, mental et social. Chez notre partenaire SETI, nous avons appuyé la création d'unités de psychomotricité à Alexandrie et au Caire en Égypte.

Afin de renforcer les compétences du personnel local, une volontaire est partie pour une mission de deux ans former le personnel médical à cette nouvelle pratique.

Enfin, l'accompagnement psychosocial traite des différents cas où l'enfant subit une maltraitance: violence physique ou psychologique, abus sexuels et négligence. Notamment aux Philippines, avec notre partenaire ULIKID, nous avons formé une équipe de six personnes et de quatre-vingt parents pour qu'ils soient à même d'accompagner et de soutenir leurs enfants handicapés.

Ces trois domaines, lorsqu'ils sont articulés conjointement, favorisent chez les enfants bénéficiaires un bon développement global et ouvrent la voie vers l'autonomie.

Richard Avedon, *Sœur Emmanuelle, Paris, 18 juin 1998*

## BIBLIOGRAPHIE

*Chiffonnière avec les chiffonniers*, Les Éditions ouvrières, 1977.

*La Foi des chiffonniers*, Le Livre ouvert, Mesnil-Saint-Loup, 1988.

*Le paradis, c'est les autres*, entretiens avec Marlène Tuininga, Flammarion, 1995.

*Jésus tel que je le connais*, avec Marlène Tuininga, Desclée de Brouwer-Flammarion, 1996.

*Yalla, en avant les jeunes !*, avec Françoise Huart, Calmann-Lévy, 1997.

*Richesse de la pauvreté*, avec Philippe Asso, Flammarion, 2001.

*Les Mots du rosaire*, Actes Sud, Arles, 2002.

*Chemin de croix*, Panorama-Gallimard, Paris, 2002.

*Vivre, à quoi ça sert ?*, avec Philippe Asso, Flammarion, 2004.

*Un pauvre a crié, le Seigneur l'écoute*, Éditions de l'Emmanuel, Paray-le-Monial, 2005.

*Confessions d'une religieuse*, avec Philippe Asso, Flammarion, 2008.

Les entrées des chapitres « Enfance et adolescence » et « En France » sont extraites de *Richesse de la pauvreté* ; celles de « Les années d'enseignement » et « Dans les bidonvilles du Caire » de *Jésus tel que je le connais* ; celles de « Autour du monde » et « Retraite à Callian » des *Confessions d'une religieuse*.

## CRÉDITS PHOTOGRAPHIQUES



Achevé d'imprimer en septembre 2009 par Canale, Italie.